글

역사는 큰별쌤 최태성 | 큰별쌤 최태성 선생님은 한국사를 가르칠 때면 슈퍼 파워를 내뿜는 열정적인 대한민국 1등 한국사 선생님입니다. 우리가 역사를 왜 배워야 하는지, 역사 속 사람들과 어떻게 대화하고 소통해야 하는지를 알려주시죠. 큰별쌤과 함께라면 역사는 더 이상 지루하고 어려운 과목이 아니랍니다. 역사를 웃음과 감동이 넘치는 재미있는 이야기로 만드시는 능력이 있으시거든요. 큰별쌤은 어린이부터 어른까지 한국사를 공부하고 싶은 사람 모두를 돕고 싶다는 마음으로 모두의 별별 한국사 연구소장이 되셨어요. 그리고 EBS와 모두의 별별 한국사 사이트, 유튜브 채널 최태성 1TV와 2TV에서 한국사 무료강의를 선보이고 있죠. TV와 라디오 등 방송을 통해서는 남녀노소 모두를 위한 역사 교양을 살뜰히 챙겨주시며 대중과 소통하고 있습니다.

윤소연 | 어릴 때부터 글을 쓰는 사람이 되고 싶어 방송국에서 구성작가로 일했습니다. EBS 어린이 범죄예방 드라마 '포돌이와 어린이 수사대', 한·중 합작 어린이 종합 구성물인 '렌과 쥴리의 찌무찌무 탐험대'를 썼고요. 지은 책으로는 『네 맘대로는 이제 그만』, 『갯벌아 미안해』, 『나는 다섯살, 소망반 선생님입니다』가 있습니다. 글 쓰는 즐거움에 행복한 나날을 보내고 있습니다.

그림

똥작가 신동민 | 대학에서 만화와 시각 디자인을 공부해서가 아니라 타고난 재치와 천재적인 예술적 감각으로 재미터지는 그림만을 선보여주시는 그림 쟁이. 쓰고 그린 책으로는 『똥까페』, 그린 책으로는 『최진기의 경제상식 오늘부터 1일』, 『용어사회 600』 등 무수한 작품을 배출하였습니다.

감수

모두의 별별 한국사 연구소 | 큰별쌤 최태성 선생님과 역사를 전공한 선생님들이 함께 우리 모두를 위한 별의 별 한국사를 연구하는 곳입니다. 어린이부터 성인까지 재미있고 즐겁게 공부할 수 있는 역사 콘텐츠를 만들기 위해 모두의 별별 한국사 연구소의 불은 밤늦게까지 환하게 빛나고 있습니다.

강승임 | 이화여자대학교 신문방송학과를 졸업하고 동대학에서 교육학 석사 학위를 받은 교육자입니다. 독서와 글쓰기를 주제로 한 다수의 교육서와 어린이·청소년 교양서를 집필한 작가이기도 합니다. 대표 저서로는 『꼬리에 꼬리를 무는 엄마표 독서기차』, 『긍정의 말로 아이를 움직이는 글쓰기책』, 『나만의 독서록 쓰기』 등이 있습니다.

우리 아이 첫 놀이 한국사

큰★별쌤과 못말리는 한국사 수호대 ⑤

미션: 통일 신라와 발해로 달아난 번개도둑을 잡아랏

등장인물

 영상으로 만나는 한국사 수호대

강산

호기심 많은 꼬마탐정

취미★ 탐정놀이
특기★ 메모하기
아끼는 보물 1호★ 탐정수첩

사건의 실마리가 될 만한 사소한 일도 모두 탐정수첩에 적는다.
관찰력이 뛰어나 주위를 잘 살핀다.

머리에 책이 들어있는 듯 똑똑한 명랑 소녀

취미★ 책읽기
특기★ 궁금한 거 질문하기
아끼는 보물 1호★ 만능시계

궁금한 건 절대 못 참는 성격 탓에 역사를 지키고 번개도둑도 잡기 위한 시간 여행을 떠나게 된다.

바다

큰★별쌤

마음이 따뜻한 역사 선생님

취미★배부르게 먹기

아끼는 보물 1호★이 땅의 모든 아이들

듬직한 성격과 체력으로 침착하게 강산, 바다, 핑이를 보호한다.

덩치는 작지만 용감한 강아지

취미★킁킁대기, 먹기

특기★달리기, 점프하기, 왈왈 짖어대기

아끼는 보물 1호★맛있는 간식

"쾅" 하는 큰 소리를 무서워한다. 번개도둑 냄새에 민감하다.

핑이

보물을 훔쳐 역사를 바꾸는 악당

취미★도둑질

특기★숨기, 약 올리기

지금 아끼는 보물 1호★만파식적 피리, 석굴암

변덕스러워서 갖고 싶은 보물이 자주 바뀜★

번개가 치면 주문을 외우고 순간 이동을 한다. 온몸을 꽁꽁 싸매 정확한 생김새를 아무도 모른다.

번개도둑

지난 이야기

어느 날, 강산이는 2층 다락방에서 무전기를 발견했어요. 무전기에서는 번개도둑들의 대화가 흘러나오고 있었어요.

강산이에게 번개도둑 이야기를 들은 큰별쌤은 깜짝 놀랐어요.
"번개도둑은 보물을 훔쳐 역사를 망가뜨리는 악당이야. 온몸을 꽁꽁 싸매고 있지."

✦ 얄라방방 얄라봉봉 잠긴 시간의 문아, 번개의 힘으로 열려라 번쩍번쩍! ✦

번개도둑이 주문을 외우자 시간의 문이 열렸어요.

번개도둑을 따라 시간의 문으로 들어간 한국사 수호대! 번개도둑으로부터 보물을 지켜 낼 수 있을까요?

문 안의 세계는 지금으로부터 아주 먼 옛날, 신라로 이어져 있어요. 한국사 수호대는 신라의 진흥왕을 만났지요.

4권

번개도둑은 진흥왕 순수비가 탐이 났지만 너무 무거워 훔칠 수 없었어요.

심술이 난 번개도둑은 선덕 여왕 시대로 가 첨성대를 망가뜨리고, 빨간 가루를 뿌려 분황사 탑도 엉망으로 만들었어요.

번개도둑을 쫓아서 시간의 문으로 들어간 한국사 수호대는 번개도둑이 숨긴 김유신 장군의 칼을 찾아 주었어요.

김유신 장군이 황산벌 전투에서 승리하자 화가 난 번개도둑은 소리쳤어요.
"결국 너희들은 당나라에게 무릎을 꿇게 될 거야!"
그리고 번개 소리와 함께 사라졌지요.

신라는 정말 번개도둑의 말처럼 당나라에게 무릎을 꿇게 될까요? 이번 이야기를 보면 알 수 있겠죠? 한국사 수호대가 신라 시대에서 얻은 부채의 활약도 지켜봐 주세요!

번개도둑 몽타주 완성하기

아뿔싸! 신라에서도 번개도둑을 놓쳤어요.
하지만 진짜 번개도둑의 모습을 점점 알아가고 있어요.

힌트
1. 붉은 갈색의 뽀글뽀글 엉켜 있는 파마머리
2. 짧고 통통한 손가락, 북슬북슬 털이 많은 손등
3. 날카롭게 찢어진 눈, 눈 밑에 있는 큰 점
4. 발목에 새겨진 번개 모양 문신

신라 시대에서 시간 여행을 마치고 돌아온
바다와 강산이의 표정이 시무룩했어요.

"번개도둑을 놓친 것은 아쉽지만, 신라가 걱정돼요.

당나라가 신라와의 약속을 어기고 신라 땅을 빼앗겠지요?"

바다의 말을 들은 큰별쌤이 말했어요.

"걱정하지 말거라. 신라는 당나라를 쫓아내고 삼국을 통일—하게 된단다."

큰별쌤은 아이들에게 신라의 통일을 직접 확인시켜 주고 싶었어요.

"문무왕은 고구려를 멸망시키고 당나라까지 몰아내 마침내

삼국 통일을 이루었지. 문무왕이 잠들어 있는 무덤이 있으니 함께 가 보자."

— 한 일:통일의 '일'은 '하나(一)'라는 뜻이에요. 통일은 나누어진 것을 하나로 합친다는 거예요.

한국사 수호대는 경주 앞바다에서 배를 타고 있었어요.

"큰별쌤, 문무왕의 무덤이 정말 바다 한가운데 있어요?"

강산이는 왕의 무덤이 동산처럼 볼록하게 솟아 있던 모습만 보아서인지 낯설었어요.

"저 바위가 문무왕의 무덤이란다. '대왕암'이라고 부르지.

문무왕은 삼국을 통일하기 위해 전쟁을 하면서도 전쟁 때문에 고생하는 백성을 한순간도 잊지 않았어.

나라와 백성을 사랑하는 마음이 컸던 왕이지.

왜구가 쳐들어오는 동쪽 바다 큰 바위에 나를 묻어라.

용이 되어 나라를 지키겠다.

문무왕이 마지막으로 남긴 말이란다."

배가 문무왕릉陵에 가까워지자 갑자기 우르릉 쾅쾅 번개가 치며 안개가 자욱하게 드리워졌어요.

> 陵 언덕, 무덤 릉(능) : 왕릉의 '릉'은 '무덤(陵)'이란 뜻이에요. 왕릉은 임금님의 무덤이에요.

왜구가 쳐들어오는 동쪽 바다
큰 바위에 나를 묻어라.
용이 되어 나라를 지키겠다.

"어찌 당나라는 약속을 어기고 신라를 지배하려 하오!

나 문무왕은 우리 땅을 *호시탐탐 노리는 당나라 군을 모조리 쫓아내고

반드시 삼국을 통일할 것이오."

문무왕의 목소리가 안개 속 무덤에서 쩌렁쩌렁 들려왔어요.

"신라가 삼국을 통일할 수 있도록 우리가 도와드려요."

바다가 큰별쌤을 간질이자 큰별쌤 가슴에 그려진

노란색 별이 반짝이며, 바위에 시간의 문이 만들어졌어요.

강산이와 바다, 큰별쌤, 핑이는 그 안으로 쑝 들어갔어요.

* 호시탐탐: 호랑이가 눈을 부릅뜨고 먹이를 노려보는 것처럼 남의 것을 빼앗으려고 기회를 엿보는 거예요.

신라를 너무나 사랑했던 문무왕

한국사 수호대는 당나라와 전투가 벌어지는 곳으로 떨어졌어요.

당나라 군대의 배가 저 멀리 모습을 드러내자,

문무왕이 병사들을 *재촉하며 말했어요.

> *재촉하다:어떤 일을 빨리 하라고 조르는 거예요.

"서둘러 배를 움직여야 한다. 어서 노를 저어라!"

병사들이 힘껏 노를 저었지만 배는 조금도 움직이지 않았어요.

그때 핑이가 밧줄을 입에 물고 쫄래쫄래 뛰어왔어요.

강산이가 밧줄을 들어 올리려 하였지만 꼼짝도 하지 않았어요.

"도와주세요! 누군가 배를 움직이지 못하게 한 것 같아요."

우리는 바다에서 살고 바다에서 죽는다! 공격하라~

강산이가 도움을 요청하자 문무왕과 병사들은 힘을 모아 밧줄을 배 위로 끌어 올렸어요.

밧줄 끝에 달려 있는 큰 갈고리 때문에 배가 안 움직인 거였어요.

"바다에서 살고 바다에서 죽는다! 당나라 군을 향해 돌진하라!"

문무왕의 우렁찬 소리와 함께 *치열한 전투가 시작됐어요.

몸을 숨긴 큰별쌤이 바다와 강산이에게 조용히 속삭였어요.

"신라는 기벌포 전투에서 승리하면서 당나라를 물리친단다.
 안타깝게도 옛 고구려 땅은 당나라에게 빼앗기지만
 옛 고구려 땅은 발…해…."

그때 갑자기 배가 휘청거리더니 뒤집혔어요.

"어푸어푸, 살려 주세요! 살려 주세요!"

* 치열하다: 기세가 사납고 몹시 세차다는 뜻이에요.

"킥킥킥. 수영을 못하나 보지?"

뗏목을 탄 번개도둑이 옆에 와서 놀려 댔어요.

파도에 휩쓸리던 강산이가 간신히 통나무에 올라타 손을 내밀었어요.

"어서, 내 손을 잡아!"

강산이 덕분에 모두 통나무 위로 무사히 올라탔어요.

"귀찮은 것들. 신라에서 영영 사라져 버려라."

번개도둑이 입꼬리를 씰룩대더니 주문을 외웠어요.

✨얄라방방 얄라봉봉 잠긴 시간의 문아, 번개의 힘으로 열려라 번쩍번쩍!✨

한국사 수호대는 시간의 문으로 순식간에 빨려 들어갔어요.

고구려의 불씨를 살려 낸 대조영

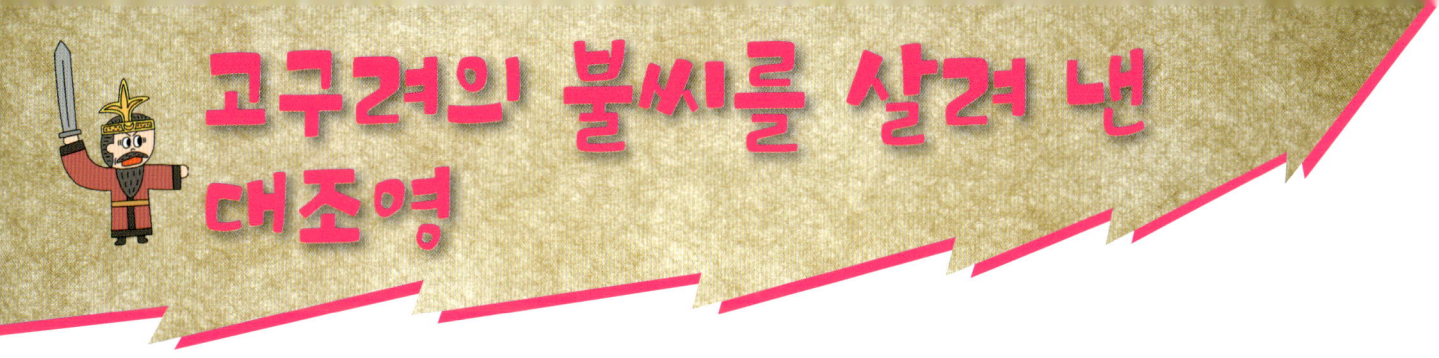

"이제부터 이 나라의 이름은 발해다!

우리는 동모산에서 시작해 옛 고구려의 영토를 되찾을 것이다!"

당당하고 우렁찬 소리를 듣고 한국사 수호대도 정신을 차렸어요.

"우리가 발해에 온 것 같구나.

백성 앞에 선 저 분은 발해를 세운 대조영이란다."

그때 갑자기 주위에 있던 사람들이 웃으며 수군거렸어요.

"발해가 아니고 망해라니……."

"나라가 망하길 바라는 사람 같구먼."

당나라 군사로 변장한 번개도둑이 발해를 망해라고 고친 깃발을 들고 있었어요.

"발해는 한국 역사가 아니고 중국 역사야!

 너희들은 상관하지 말고 그만 빠져!"

번개도둑이 한국사 수호대를 힐끗 쳐다보며 비웃었어요.

단단히 화가 난 큰별쌤이 번개도둑에게 소리쳤어요.

"발해는 고구려의 후(後)손인 대조영이 고구려 *유민들과 함께 세운 나라야.

 북쪽에서는 발해가, 남쪽에서는 신라가 우리 역사를 빛낼 거야.

 남북국의 역사가 시작되었으니 절대 방해하지 마!"

화가 나 온몸이 빨개진 핑이가 번개도둑에게 달려들었어요.

後 뒤 후: 후손의 '후'는 '나중(後)'이란 뜻이에요. 후손은 나중에 태어나는 자손을 말해요.

*유민: 망해서 없어진 나라의 백성을 말해요.

한국사 수호대는 신라로 가는 배를 찾아 무사히 출발하였어요.

발해를 떠나 동해 바다를 지날 때였어요.

"거대한 거북이가 나타났어요!"

강산이의 말에 배를 돌려 가까이 다가가 살펴보니

거북처럼 생긴 산이 동해 바다의 물결을 가르며 떠내려 오고 있었어요.

요술 피리를 만든 신문왕

"아버지, 힘 세고 백성이 행복한 나라가 되도록 보살펴 주세요!"

신문왕은 아버지인 문무왕을 *기리는 감은사의 쌍탑을 보며 빌었어요.

그때 신하가 하얗게 질린 얼굴로 뛰어와 말했어요.

*기리다 : 훌륭한 사람을 마음에 새겨 칭찬하고 기억하는 걸 뜻해요.

"동해 바다에 거북 모양으로 생긴 작은 산 하나가 우리 땅으로 떠내려오고 있사옵니다."

신문왕은 신하들과 서둘러 그곳으로 향했어요.

신문왕이 작은 산에 우뚝 솟은 대나무 앞에 서자,

커다란 용이 불쑥 나타나 말했어요.

"저 대나무는 문무왕과 김유신 장군께서 보내신 선물입니다.

이 대나무로 피리를 만들어 불면 온 세상이 평화로울 것입니다."

"정말 신기한 일이로다. 어서 이 대나무를 베어 피리를 만들라!"

♪삘리리♪ 대나무로 만든 피리를 불 때마다 기적이 일어났어요.

적이 쳐들어왔을 때 피리를 불었더니 모두 물러가 버렸고,

가뭄이 들어 피리를 불면 비가 내렸어요.

그러던 어느 날, 피리를 불었는데 신비로운 일이 일어나지 않았어요.

실망한 듯 신문왕의 표정이 굳어졌어요.

그때 강산이의 눈에 신하로 분장한 번개도둑이 빼꼼 보였어요.

번개도둑의 손에 바꿔치기한 진짜 피리가 들려 있었죠.

신문왕은 도망가는 번개도둑의 망토를 확 낚아채며 *호통을 쳤어요.

"이것이 어떤 피리인 줄 알고 장난을 치느냐!"

*호통 : 몹시 화가 나서 크게 꾸짖는 걸 뜻해요.

"부채를 나에게 주면 피리를 돌려주겠소."

번개도둑이 강산이가 들고 있던 부채를 가리키며 말했어요.

강산이는 피리를 돌려받기 위해 어쩔 수 없이 번개도둑에게 부채를 건네 주었어요.

"고맙소. 여러분 덕분에 만파식적笛 피리를 찾았습니다."

신문왕과 인사를 나누던 큰별쌤이 소리내어 웃기 시작했어요. 하하하!

번개도둑이 부채 끝부분의 나무 손잡이로 큰별쌤의 옆구리를 간질였어요.

"으-아악, 안 돼!"

구멍 안으로 큰별쌤의 몸이 점점 빨려 들어갔어요.

큰별쌤은 간신히 팔을 뻗어 십 원짜리 동전을 던졌어요.

동전을 입으로 받아 낸 핑이를 보며 바다가 말했어요.

"큰별쌤이 우리에게 힌트를 주신 게 아닐까?"

笛 피리 적 : 만파식적의 '적'은 '피리(笛)'라는 뜻이에요.
만파식적은 수많은 물결(만파)을 잠재우는(식) 피리(적)랍니다.

*불국: 부처님의 나라를 말해요.

"이 동전 속 그림은 *불국사 안에 있는 다보탑이야.
 불국사로 출발해야 해."
바다가 만능시계를 검색해서 불국사의 위치를 알아냈어요.
강산이와 핑이도 큰별쌤이 불국사에 있기를 간절히 바라며
서둘러 불국사로 향했어요.

"부처님의 나라로 가려면 이 돌계단을 올라가야 해."
바다가 앞장서고 강산이와 핑이가 그 뒤를 따랐어요.
불국사 안으로 들어서자 두 개의 탑과, 양팔을 벌려 탑을 막아서고 있는
큰별쌤의 모습이 보였어요.

신라의 찬란한 문화유산, 불국사와 석굴암

*기특하다: 말하는 것이나 행동이 신통하고 귀엽다는 뜻이에요.

"큰별쌤! 보고 싶었어요."
강산이와 바다, 핑이가 큰별쌤에게 와락 안겼어요.
"잘 찾아왔구나. *기특하다!
 못다한 이야기는 나중으로 미루고, 우선 번개도둑부터 막아 내자.
 석가탑은 내가 지키고 있을 테니 너희들이 다보탑을 수호해야 해."

강산이가 탑 뒤쪽으로 돌아섰을 때 스님과 맞닥뜨렸어요.
아뿔싸! 스님으로 변장한 번개도둑이었어요.
"번개도둑이 다보탑에 있는 돌사자를 떼어 내고 있어요!"
다급한 강산이는 번개도둑의 이마를 쿵 들이박았어요.
강산이의 이마에 주먹보다 더 큰 혹이 솟아올랐어요.
번개도둑은 훔친 돌사자 상을 머리에 이고는 빨간 가루를 뿌리며 사라졌어요.

특명! 사라진 다보탑의 돌사자 상을 찾아라!

다행히 핑이가 번개도둑을 몰래 뒤쫓아 번개도둑의 은신처를 찾아냈어요.
코를 골며 잠들어 있는 번개도둑이 깨기 전에
다보탑의 돌사자 상을 찾아 제자리에 갖다 두어야 해요.

잠에서 깬 번개도둑은 훔쳐 온 돌사자 상이 없어진 걸 알아차리고는 분하다며 소리질렀어요.

"흥! 사실은 다보탑보다 석굴암이 더 좋아."

번개도둑은 곧장 석굴암으로 향했어요.

번개도둑이 석굴암에 도착했을 때는 한국사 수호대가 이미 그 앞을 딱 지키고 서 있었어요.

"석굴암을 망칠 생각은 하지 마!"

큰별쌤의 말이 끝나자마자 석굴암 안쪽에서 강한 빛이 비추었어요.

석굴암 안으로 들어가 보니 불佛상의 이마에 박힌 보석이 반짝 빛나고 있었어요.

강산이와 바다는 너무 놀라 입이 하마처럼 떡 벌어졌어요.

佛 부처 불: 불상의 '불'은 '부처(佛)'라는 뜻이에요. 불상은 나무나 돌 등으로 부처의 모양을 만든 조각상이에요.

다른 그림 찾기

한국사 수호대가 신비한 광경에 놀란 틈을 타 번개도둑이 석굴암에 엉뚱한 짓을 하고 도망가 버렸어요.
어떤 부분이 달라졌는지 다섯 군데를 찾아볼까요?

한국사 수호대는 사라진 번개도둑을 찾아 한참을 걷고 또 걸었어요.

그러던 중 노란 머리에 큰 코, 깊은 눈을 가진 외外국인을 만났어요.

외국인은 아름답고 화려한 물건들이 가득 담긴 보따리를 메고 있었어요.

"무역하기 좋다고 소문난 *청해진은 어디로 가야 하나요?"

길을 잃은 외국인에게 바다가 상냥한 목소리로 말했어요.

"저희를 따라오세요. 저희도 청해진으로 가는 길이에요."

외국인이 활짝 웃으며 감사의 선물로 유리그릇을 주었어요.

"신라 시대에도 외국인이 비행기를 타고 우리나라에 왔을까요?"

큰별쌤은 강산이의 엉뚱한 질문에 씨익 미소를 지어 보였어요.

> 外 바깥 외 : 외국의 '외'는 '바깥(外)'이라는 뜻이에요. 외국은 자기 나라 바깥, 곧 다른 나라를 뜻해요.

> *청해진 : 장보고가 오늘날의 전라남도 완도 앞바다에 있는 작은 섬에 설치한 해군 기지예요.

바닷길을 통해 꽃피운 무역

저 멀리 아라비아 상인들은 비행기가 아니라 배를 타고서 신라로 들어왔어. 울산항을 통해 보석, 모직물, 향료 등 *진귀한 물건들을 팔러 온 거지.

신라가 삼국을 통일하고, 중국의 당나라와 직접 오갈 수 있는 바닷길이 열리면서 신라는 당나라와 더욱 활발하게 교류 할 수 있었어.

당나라에는 신라 사람들이 모여 사는 마을이 생길 정도였지.

*진귀하다: 보기 드물 정도로 귀하다는 뜻이에요.

바다의 지배자, 해상왕 장보고

청해진으로 가던 중 들린 어느 섬의 장터에는 신기한 물건들이 많았어요.

공작 꼬리와 비취 깃털로 짠 목도리, 보석을 박아 넣은 빗과 모자,

바다 거북의 등딱지로 만든 빗도 있었어요.

"제발 놓아주세요!"

"무슨 소리. 넌 좀 크면 일을 아주 잘하게 생겼어."

물건들을 구경하던 강산이의 목소리였어요.

무기를 손에 든 *해적이 강산이를 잡아가며 말했어요.

> *해적: 배를 타고 다니면서 다른 배나 해안 지방을 공격하여 재물을 빼앗는 강도를 말해요.

"앗! 바다야, 너도 해적에 잡혀 온 거야?"

강산이는 해적에게 이미 잡혀 온 바다를 보고 놀라 소리쳤어요.

"쉿! 조용히 해. 아주 무서운 사람들인 것 같아."

"여기서 빠져나가야 되는데 어쩌지?"

바다와 강산이가 해적들 몰래 속닥거리는 사이 해적선이 완도 앞바다를 지나기 시작할 때였어요.

"지금 당장 신라 땅에서 나가지 않으면 공격할 것이다!"

*갑옷을 입은 장보고가 해적들에게 칼을 겨누며 소리쳤어요.

"해상왕 장보고다! 어서 피해라!"

해적들은 장보고를 보자마자 겁을 먹고 달아나기 시작했어요.

> *갑옷 : 옛날에 싸움을 할 때 상대편의 창검이나 화살을 막기 위해 입던 옷이에요.

큰별쌤은 그 사이 강산이와 바다를 무사히 데리고 나왔어요.

"저희를 구해주신 분이 누구세요?"

"장보고는 신라 사람들이 해적에게 붙잡혀 노예로 팔려가는 것을 보고
청해진을 설치하여 해적들을 무찔렀어.
청해진을 통해 주변 나라들과 무역을 하여 해상왕이라고 불렸지."

한국사 수호대는 장보고에게 머리 숙여 감사 인사를 드렸어요.

"해적을 물리치고 백성을 구하는 것이 내 임무니라.
모든 군사들은 해적들의 배를 샅샅이 뒤져
해적들이 훔쳐 간 물건들을 찾아 배에 실어라."

청해진을 든든하게 지키는 장보고 덕분에 신라는 당나라와 일본, 멀리 아라비아 상인과도 활발하게 교류하였어요.

한국사 수호대도 해적들이 빼앗은 물건들을 모두 찾아 신라에 돌려 주어 기분이 좋았어요.

킁킁대며 땅 바닥을 훑던 핑이가 나무 주사위를 물어 왔어요.

큰별쌤은 나무 주사위를 보고는 흥분된 목소리로 말했어요.

"*주령구를 사용하기에는 거기가 딱이지.

어쩌면 번개도둑이 거기에서 놀고 있을 지도 모르겠구나.

출발한다! *포석정으로!"

*주령구: 경주 안압지에서 발견된 14면체 주사위로, 신라 시대 왕과 귀족들이 쓰던 놀이 도구예요.

*포석정: 왕의 별장과 같은 곳으로, 최근에는 제사를 지내는 곳이었을 거라는 추측도 있어요.

그렇다면 포석정으로 출발!

"허허! 이번에는 내가 걸렸구려."

왕과 귀족들은 물길을 따라 술잔을 띄우고 시를 소리내어 읽으며 주령구 놀이를 하고 있었어요.

"술 석 잔 한 번에 마시기에 걸렸으니,

  내가 숨도 안 쉬고 이 큰 잔을 다 마시겠소!"

벌칙에 걸린 귀족이 술을 마시자 다른 사람들은 박수를 치고 춤을 추었어요.

"귀족들이 백성들의 고통을 나 몰라라 하고 있어요."

"힘들게 지킨 통일 신라인데 귀족들은 그걸 잊었나 봐요."

"신라도 이제 마지막 길을 걷고 있으니, 안타깝구나."

한국사 수호대는 그들을 지켜보며 말했어요.

후삼국 시대가 열리다

신라 왕실과 귀족들은 자신들의 배를 채우기 위해 굶주린 백성들에게 가혹하게 세금을 걷었어.

견디다 못한 백성들이 *난을 일으킬 정도였지.

지방에서는 새로운 세력이 힘을 모으고 있었어.

후백제를 세운 견훤과 후고구려를 세운 궁예가 대표적이란다.

견훤은 백성의 고통을 나 몰라라 하는 신라에는 희망이 없다고 생각했어.

옛 백제 땅에 살고 있던 사람들은 견훤을 따랐고,

마침내 견훤은 완산주에 후백제를 세웠지.

옛 고구려의 땅 송악에 후고구려를 세운 애꾸눈 궁예도

새 나라를 세워 어지러운 세상을 구하겠다는 꿈을 꾸었어.

이렇게 해서 신라, 후백제, 후고구려로 나뉘는 후삼국 시대가 시작되었지.

*난: 나라 안에서 전쟁이나 폭력적인 다툼이 일어난 걸 뜻해요.

"후삼국 시대로 번개도둑이 갔다면, 번개도둑이 궁예와 견훤 중에 누구를 만나러 갔을까요?"

"주령구를 던져서 결정하면 어때요?"

강산이가 주령구를 올려 들며 말했어요.

"주황색이 나오면 궁예를 보러 가고 노란색이 나오면 견훤에게로 가요."

핑이가 입에 물고 있던 주사위를 힘껏 내뱉었어요.

주령구는 떼구르르 굴러 주황색 면을 드러내며 딱 멈추었어요.

"궁예다! 번개도둑이 정말 궁예를 만나고 있는지 확인해 보자!"

강산이는 주령구를 주워 주머니에 쏙 넣고 시간의 문으로 뛰어들었어요.

후고구려를 세운 궁예

화려한 궁궐 안에 한쪽 눈을 가린 궁예가 앉아 있었어요.

"나는 미래의 부처인 미륵불이다. *관심법으로 사람들의 마음을 읽을 수 있지!"

> *관심법: 상대방의 얼굴 표정이나 몸가짐을 보고 속마음을 알아내는 방법이에요.

자신감 넘치는 궁예와 달리 신하들은 무서워 벌벌 떨었어요.

"왜 아무도 나와 눈을 마주치지 않는가!"

궁예는 신하들 틈에 멀뚱멀뚱 자신을 바라보던 강산이를 콕 집어 말했어요.

"너는 누구냐? 궁궐에 어떻게 들어왔느냐?"

"그게… 사실은… 저기…."

강산이는 시간의 문을 통해 왔다고 사실대로 말하지 못했어요.

"내가 맞혀 볼까? 너는 미래에서 온 아이구나."

강산이는 깜짝 놀랐어요.

"허허! 내가 맞혔지? 나도 미래에서 온 미륵불이란다!"

궁예가 껄껄 웃자, 눈치를 보던 신하들도 덩달아 웃었어요.

"미래에서 여기는 왜 왔느냐."

"역사를 망치려는 번개도둑을 쫓아왔어요. 혹시 번개도둑을 보셨나요?"

"번개도둑? 도둑 따위는 궁예 *도성에는 없어. 세상에서 제일 위대한 궁예가 사는 곳에 번개도둑 따위가 어찌 들어올 수 있겠느냐?"

> *도성: 임금님이 사는, 성으로 둘러싸인 도읍지를 뜻해요.

그때였어요. 궁예의 부하가 줄에 꽁꽁 묶인 채 끌려 들어왔어요.

"*반역자 왕건을 잡았나이다."

겁이 난 바다와 강산이, 핑이는 재빨리 기둥 뒤로 몸을 숨겼어요.

궁예 앞에 무릎을 꿇린 궁예의 부하는 왕건이었어요.

"제가 반역을 꾀했습니다. 죽여 주십시오."

그랬더니 궁예는 벌을 주지 않고 오히려 정正직直하다며 살려 주었어요.

큰별쌤은 안도의 한숨을 쉬며 왕건에 대한 이야기를 들려주었어요.

"훗날 왕건은 자신을 따르는 장수들과 힘을 합쳐 시간이 갈수록 점점 포악해지는 궁예를 내쫓고 고려를 세운단다."

* 반역: 통치자에게서 나라를 다스리는 권한을 빼앗으려는 걸 뜻해요.

正 바를 정 直 곧을 직: 정직은 거짓 없이 마음이 바르고 곧다는 뜻이에요.

"궁예 도성이라는 이름이 마음에 안 들어.
  그것을 지우고 번개 도성이라고 써라!"
한쪽 눈을 가린 누군가가 신하에게 명령하고 있었어요.
"방금 저 궁궐 안에서 궁예를 봤잖아요. 그런데 저 사람은 누구죠?"
바다가 두 눈을 끔뻑이며 물었어요.
자세히 보니 궁예로 변장한 번개도둑이었어요.
한국사 수호대를 본 번개도둑은 깜짝 놀랐지만,
신하들 앞에서 도망칠 수는 없었어요.
"저 꼬마를 감옥에 가두도록 하라!"
궁예로 변장한 번개도둑이 명령하자
신하들이 강산이를 잡으려고 달려들었어요.

바다가 냉큼 번개도둑이 쓰고 있던 눈가리개를 낚아챘어요.

그 바람에 번개도둑 광대 주위에 까만 주근깨가 더욱 크게 드러났어요.

"어랏! 눈이 *멀쩡하잖아! 궁예가 아니었어!"

화가 잔뜩 난 신하들이 이번에는 번개도둑에게 달려들었어요.

"아이고! 번개도둑 살려!"

얄라방방 얄라봉봉 잠긴 시간의 문아, 번개의 힘으로 열려라 번쩍번쩍!

어느새 번개도둑은 사라져 버리고 없었어요.

"번개도둑을 놓쳤지만, 그래도 알아낸 게 있어."

광대 주위에 까만 주근깨!

강산이는 탐정수첩을 주머니에 넣으며 다음에는 꼭

번개도둑의 정체를 밝힐 거라 다짐했어요.

*멀쩡하다: 흠이 없고 온전하다는 뜻이에요.

"큰별쌤, 이제 번개도둑을 찾으러 어디로 가죠?"

"견훤을 보러 가보면 어때요?"

큰별쌤은 바다와 강산이에게 견훤의 이야기를 들려주었어요.

"후백제의 견훤은 신라의 왕을 위협해 스스로 목숨을 끊게 하고
 새 왕을 세웠어. 바로 신라의 마지막 왕인 경순왕이야.
 신라의 힘은 점점 약해져 갔고,
 결국 경순왕은 더 이상 버티지 못하고 고려에 항복하고 말았지."

강산이가 자신만만하게 어깨에 힘을 주며 말했어요.

"고려요? 궁예의 궁궐에서 만났던 왕건이 세운 나라잖아요."

"그렇지. 왕건이 후백제, 후고구려, 신라를 통일하여
 다시 하나의 나라를 세우게 된단다."

"우리 고려로 가요. 번개도둑이 분명 왕건을 방해하러 갈 거예요."

누가 누가 세웠을까?

꼬불꼬불 길을 따라 지도의 나라를 세운 사람이 누구인지, 그 나라의 이름은 무엇인지 알아보아요.

나, 견훤이 세운 나라는 후백제지.

발해 후고구려 후백제

신라의 수도, 경주
주령구 놀이

6권 보물 획득

카드판: 정답인 보물 카드를 찾아 여기에 올려주세요.

부처님의 나라
불국사

돌계단 위에 있던 네 마리 돌사자상 중 하나만 남은
다보탑

경주 천마총에서 나온 하늘을 나는 말 그림
천마도

탑 안에서 무구정광대다라니경이 발견된
석가탑=불국사 3층 석탑

유네스코 세계 문화유산으로 지정된
석굴암

4권 보물 카드를 준비해 주세요♥

카드판: 정답인 보물 카드를 찾아 여기에 올려주세요.

멈춰! 신라 최초의 여왕이 누구지? 지혜롭다고 소문이 났더군.

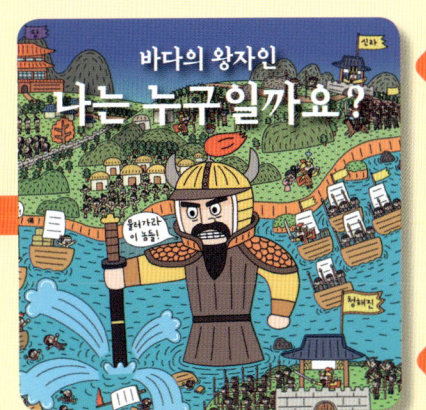

게임 방법

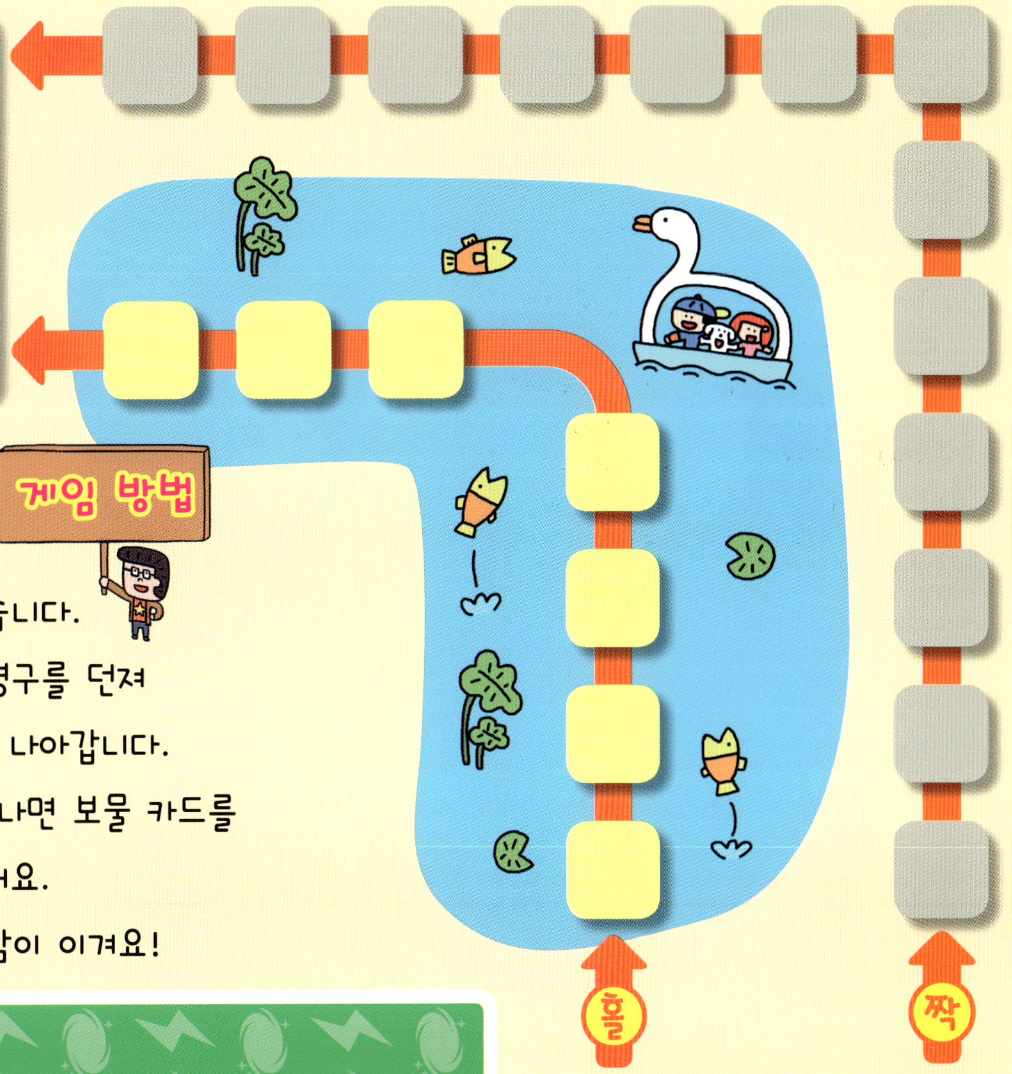

1. 자기 말을 출발에 놓습니다.
2. 순서를 정한 다음 주령구를 던져 나온 숫자만큼 앞으로 나아갑니다.
3. 가다가 번개도둑을 만나면 보물 카드를 올려야 통과할 수 있어요.
4. 끝까지 먼저 가는 사람이 이겨요!

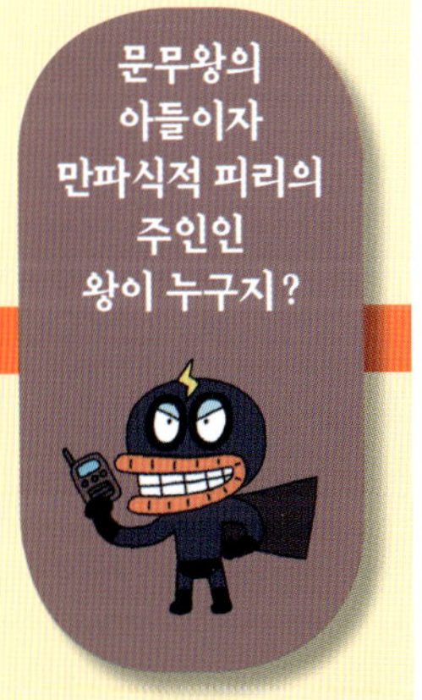

문무왕의 아들이자 만파식적 피리의 주인인 왕이 누구지?

카드판 — 정답인 보물 카드를 찾아 여기에 올려주세요.

여기서 꼭 멈춰요 — 주령구를 던져서 나온 숫자가 짝수면 짝 방향으로 홀수면 홀 방향으로 가요

1칸씩 앞으로 나아가요.

동양에서 가장 오래된 천문 관측대
첨성대

선덕 여왕이 지은 탑
분황사 탑

출발

주령구를 만들어 힘껏 던져 보아요

주령구는 14면의 주사위 모양으로 경주 동궁과 월지(안압지)에서 발견되었어요.
신라 왕과 귀족들이 시를 짓거나 내기를 할 때 사용했던 놀이 도구예요.
14면체 나무 주사위인 주령구를 본따 그린 전개도를 오려 붙여 주사위를 만들어 볼까요?

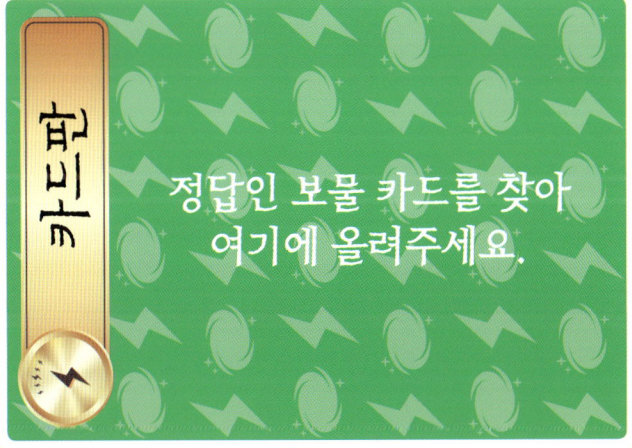

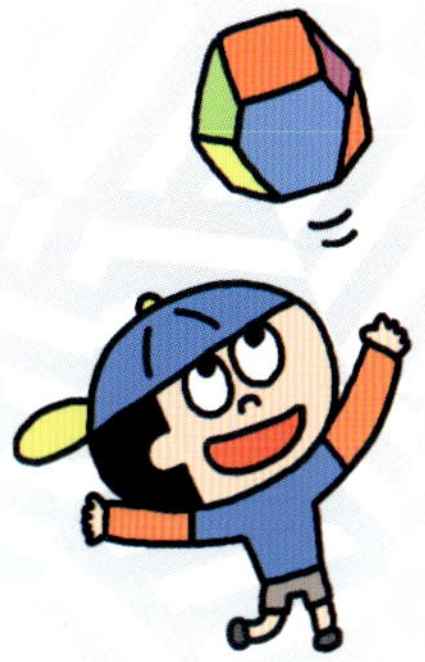

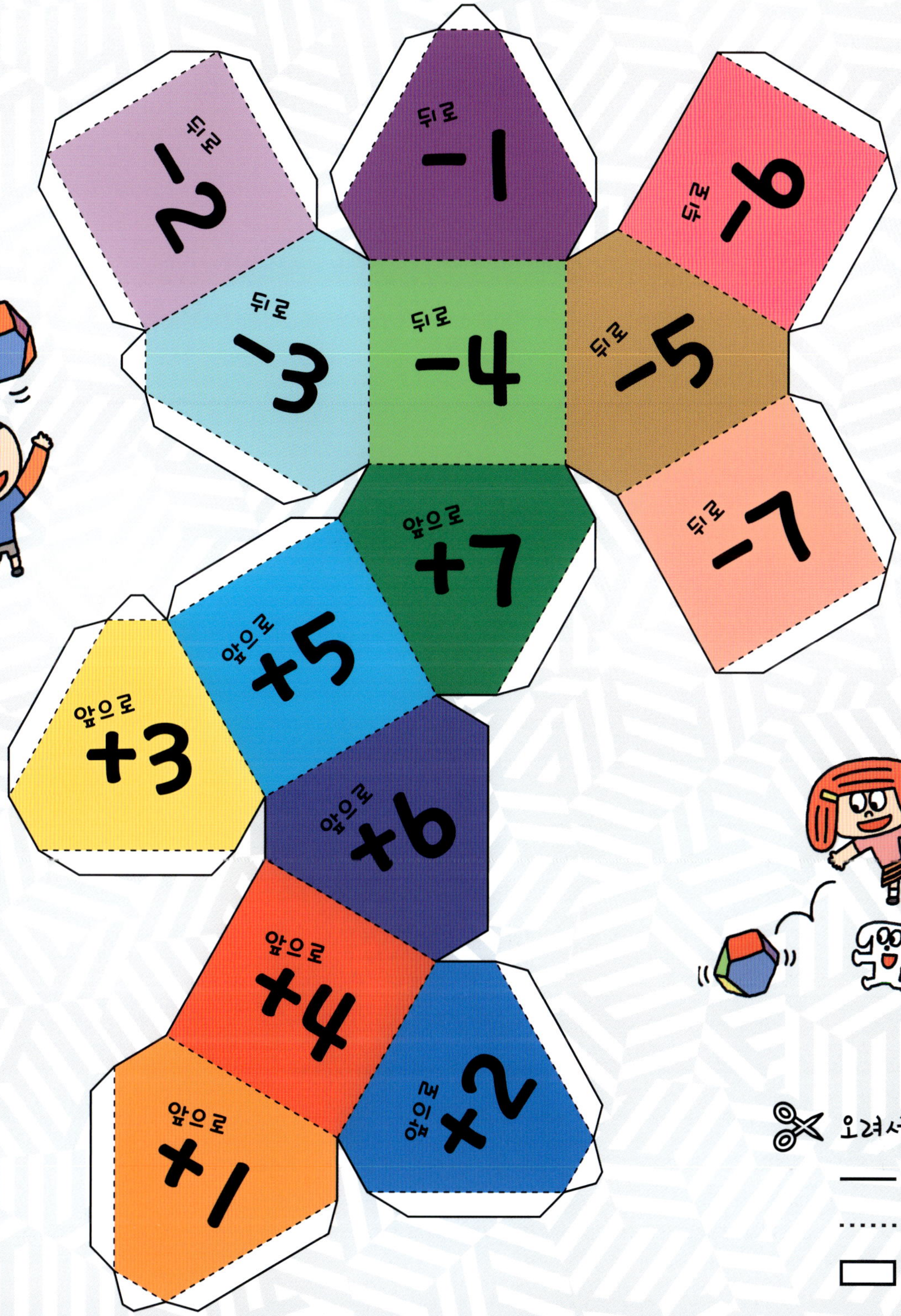

뒤로 -2, 뒤로 -1, 뒤로 -9
뒤로 -3, 뒤로 -4, 뒤로 -5
앞으로 +7, 뒤로 -7
앞으로 +3, 앞으로 +5, 앞으로 +6
앞으로 +1, 앞으로 +4, 앞으로 +2

✂ 오려서 만들어 보세요
—— 자르는 선
…… 접는 선
☐ 풀칠하는 곳

어떤 벌칙이 적혀 있었을까?

- 소리 없이 춤추기
- 술 한잔 다 마시고 크게 웃기
- 덤벼드는 사람이 별난 짓으로 골려도 가만히 있기
- 팔뚝을 구부려 다 마시기
- 누구에게나 마음대로 노래 시키기
- 시 한 수 읊기
- 더러워도 버리지 않기
- 여러 사람 코 두드리기
- 한 번에 술 석 잔 마시기
- 스스로 노래 부르고 마시기
- 얼굴 간질여도 꼼짝 않기
- 월경 한 곡조 부르기
- 술 두 잔이면 쏟아 버리기
- 스스로 괴래만을 부르기

주령구는 1975년 경주 안압지에서 발견된 14면체 주사위야. 신라 시대 왕과 귀족들이 쓰던 놀이 도구란다.

한국사 수호대는 주령구를 던지며 신나게 카드 놀이를 하였어요. 번개도둑을 놓쳤다는 사실도 잊을 만큼 재미있었지요.

아참! 주령구 놀이에서 번개도둑이 낸 퀴즈의 정답을 모두 맞히고 활을 받았어요.

어디에 쓰냐고요?

다음 여섯 번째 시간 여행지에서 한국사 수호대를 위기에서 도와줄 물건이랍니다.

그나저나 번개도둑은 정말 왕건을 방해하러 고려로 갔을까요?

주령구를 던지며 놀다보면 번개도둑으로부터 무전이 오지 않을까요?

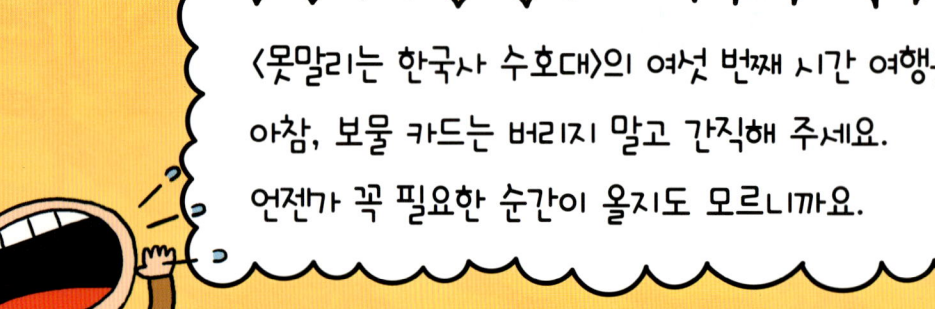

〈못말리는 한국사 수호대〉의 여섯 번째 시간 여행을 기대해 주세요. 아참, 보물 카드는 버리지 말고 간직해 주세요. 언젠가 꼭 필요한 순간이 올지도 모르니까요.

 정답

번개도둑 몽타주 ⚡ 10쪽

발해 ⚡ 19~20쪽

신문왕 ⚡ 25~26쪽

사라진 다보탑의 돌사자 상 찾기 ⚡ 30쪽

다른 그림 찾기 ⚡ 32~33쪽

보물 카드

석가탑 (9) - 통일 신라

불국사 삼층 석탑이라고 불리고요. 탑 안에서 무구정광대다라니경이 발견됐죠.

궁예 (3) - 후삼국 시대

옛 고구려 땅 송악에서 후고구려를 세운 인물이에요.

신문왕 (3) - 통일 신라

문무왕의 아들로 왕권을 가운고자 노력했죠. '만파식적 피리' 설화가 전해져요.

장보고 (8) - 통일 신라

완도에 청해진을 세워 해적을 물리치고 해상 무역을 장악한 장군이에요.

대조영 (5) - 발해
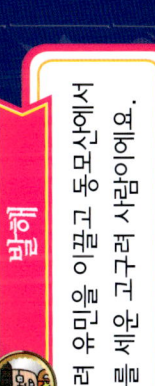
고구려 유민을 이끌고 동모산에서 발해를 세운 고구려 사람이에요.

석굴암 (5) - 통일 신라

경주 토함산 중턱에 자리 잡은 절로, 그 안에 본존불상이 있어요.

문무왕 (2) - 통일 신라

죽어서도 용이 되어 나라를 지키겠다고 유언을 남긴 왕이에요.

불국사 (4) - 통일 신라

부처님이 나타난 듯한 절로, 유네스코 세계 문화유산으로 등재되어 있어요.

우리 아이 궁금증 해결을 위한 친절한 가이드

우리 아이에게 우리 역사를 먼저 만나게 해준 어머님들. 고맙습니다. 우리 아이가 책을 읽다가, 그림을 보다가 엄마에게 질문하더라도 당황하지 마세요. 엄마를 위한 **학습 가이드**를 준비했어요. 엄마가 먼저 읽으시고 우리 아이에게 엄마의 목소리로 친절하게 설명해 주세요. 아이의 **역사적 상상력**이 쑥쑥 자라날 수 있도록 격려해 주세요.

문무왕, 나라와 백성을 사랑하다!

신라 제30대 왕인 문무왕은 삼국 통일 이후 백성들의 생활을 안정시키기 위해 노력했어요. 〈삼국사기〉에 의하면 문무왕은 자신이 죽은 뒤 화장을 하여 동해에 묻어달라는 유언을 남겼다고 해요. 죽어서도 용이 되어 나라를 지키겠다는 그 마음을 엿볼 수 있죠. 아들인 신문왕이 아버지의 뜻을 기리기 위해 동해 바다 대왕암에 무덤을 만들었어요.

문무왕은 불교를 통해 나라를 지키고자 절을 지으라고 명령했어요. 하지만 그 모습을 보지 못하고 세상을 떠나고 말지요. 신문왕이 그 뜻을 이어받아 절을 완성해요. 그 절의 이름이 감은사랍니다.

여러분 전설의 피리, 만파식적 이야기를 들어본 적 있나요? 죽어서 바다의 용이 된 문무왕과 하늘의 신이 된 김유신 장군이 함께 힘을 모아 신문왕에게 보낸 대나무로 만든 피리입니다. 이 피리를 불면 적의 군대가 물러가고, 가뭄일 때 비가 내리며, 아픈 사람들의 병을 낫게 해 주는 등 나라의 모든 걱정이 사라졌다고 해요. 이 이야기에는 혼란스러운 시간이 지나고 하루빨리 평화가 오길 바라는 신문왕과 신라 사람들의 바람이 담겨 있는 거죠.

큰★별쌤이 엄마에게

　삼국 중 가장 발전이 늦었던 나라인 신라는 백제, 고구려를 차례로 무너뜨리고 중국의 당나라까지 몰아내며 마침내 676년에 삼국 통일을 이루게 됩니다.

　신라의 삼국 통일에 대한 평가는 크게 두 가지 의견으로 나뉘어요. 외세인 당나라를 끌어들여 고구려의 드넓은 영토를 당나라에 빼앗겼다는 점에서 불완전한 통일이라는 평가가 있어요. 하지만 고구려·백제·신라의 문화가 한데 섞인 우리 민족 문화 발달의 토대를 마련했다는 것, 기나긴 전쟁 끝에 마침내 평화가 찾아왔다는 점에서 삼국 통일의 의의를 알 수 있답니다.

　삼국 통일 과정에서 당나라에 빼앗긴 옛 고구려 땅에 고구려의 후손인 대조영이 발해를 건국해요. 그리하여 남쪽의 통일 신라와 북쪽의 발해, 두 나라가 맞서 있는 남북국 시대가 열리게 됩니다.

　통일 신라 말기가 되면 나라가 혼란스러워집니다. 결국 견훤이 후백제를, 궁예가 후고구려를 세우면서 후삼국 시대가 시작됩니다. 지금부터 그 시대로 함께 떠나보시죠.

고구려를 계승한 나라, 발해!

　대조영은 고구려 멸망 이후 흩어져 있던 고구려 유민을 중심으로 말갈인들을 모아 698년, 현재 중국 만주 지방 지린 성의 동모산에 도읍을 정하고 발해를 건국했어요.

　건국 초기인 무왕 때에 발해는 당나라뿐만 아니라 신라와도 사이가 좋지 않았어요. 발해는 고구려 계승 의식을 가지고 있었는데 당나라와 신라는 고구려를 멸망시켰기 때문이었죠.

　시간이 흘러 문왕 때가 되면, 당나라와 친선 관계를 유지하며 당의 문물을 받아들입니다. 신라와도 이때부터 교류를 시작해 교통로가 만들어지고요. 주변국과 활발히 교류하며 내부적으로는 정치 체제를 안정시켜 나가지요. 선왕 때 고구려의 옛 영토 대부분을 회복하며 전성기를 맞이합니다. 당시 당나라에서는 발해를 '바다 동쪽에 있는 번성한 나라'라며 '해동성국'이라 불렀다 하지요.

 발해

1. 고구려는 나·당 연합군의 공격으로 668년에 멸망했어.

2. 신라가 삼국을 통일한 후 고구려의 옛 영토에 대조영이 발해를 건국했지.

3. 대조영은 흩어져 살고 있던 고구려 유민들과 말갈인들을 모아 나라를 세웠어.

4. 발해 건국 초기에는 당나라, 신라와 사이가 좋지 않았어. 두 나라가 고구려를 멸망시켰기 때문이지.

5. 하지만 시간이 지나면서 당나라와 교류하며 선진 문물을 받아들이고, '신라도'라는 교통로를 만들어 신라와도 친하게 지냈어.

6. 발해는 주변 나라들과 활발히 교류하고 나라의 제도를 정비하면서 크게 성장하였어.

7. 전성기를 맞은 발해는 옛 고구려보다 더 넓은 영토를 갖게 되었지. 이때 당나라는 발해를 '해동성국'이라 불렀어.

해상왕 장보고, 신라 바다는 내가 지킨다!

통일 후 신라는 바다를 통해 더욱 활발한 무역을 펼치지만 방해 세력 해적이 등장합니다. 이 해적들을 소탕한 인물이 장보고랍니다.

골품제라는 폐쇄적인 신분 제도를 가진 신라에서 매우 낮은 신분을 갖고 태어난 장보고는 아무리 능력이 뛰어나도 자신의 재능을 펼칠 수 없다는 것을 깨닫게 됩니다. 장보고는 새로운 기회를 찾아 건너간 당나라에서 뛰어난 실력을 인정받아 군인으로서 이름을 널리 알리게 되지요.

신라 사람들이 당나라 해적에게 잡혀 와 노비로 팔리는 것을 보게 된 장보고는 당나라 벼슬을 버리고 신라로 돌아와 흥덕왕에게 바다를 지키겠다고 허락을 구합니다. 오늘날 전라남도 완도에 청해진을 설치하고 해적을 소탕하여 신라 사람들이 안전하게 무역할 수 있도록 하였습니다. 청해진은 당나라, 신라, 일본을 연결하는 동아시아 무역의 중심지로 크게 발전하였고, 이를 통해 장보고는 국제 무역을 주도하여 해상왕으로 불렸답니다.

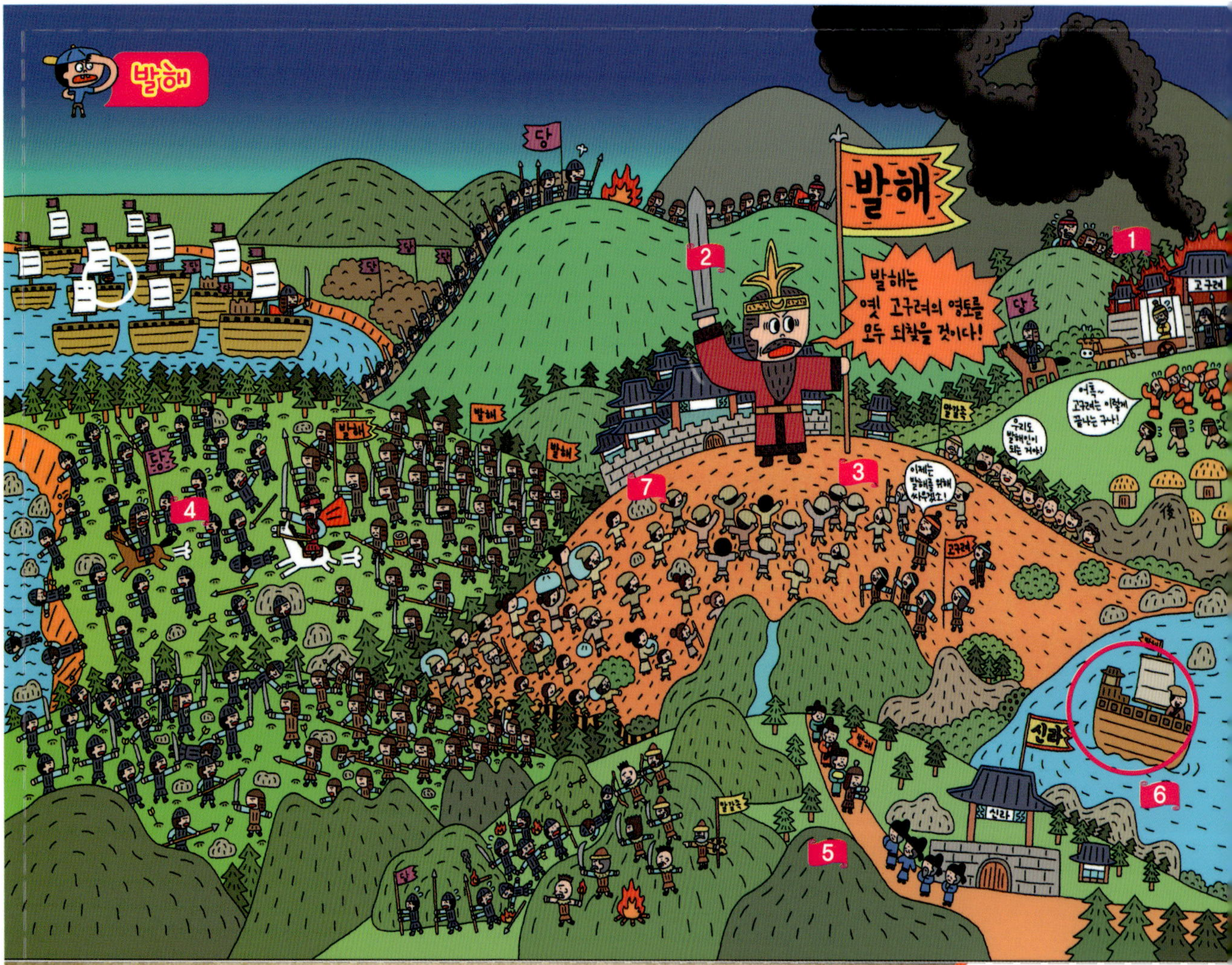

삼국 통일 후 왕권을 강화한 신문왕, 나를 따라가!

　삼국을 통일한 아버지 문무왕의 뒤를 이어받은 신문왕은 더욱 튼튼하고 체계적인 신라를 만들기 위해 힘썼습니다.
　신문왕은 가장 먼저 귀족들의 반란을 진압하고 왕권을 강화했어요. 넓어진 국토를 효과적으로 다스리기 위해 지방 행정 조직을 마련하는 등 여러 가지 제도를 새롭게 정비하였지요. 또한 군사 조직을 만들어 이곳에 고구려와 백제의 유민뿐만 아니라 말갈인들도 속하게 했어요. 이를 통해 당시 신라가 나라의 통합을 위해 노력했다는 점을 알 수 있죠.
　이렇게 신라는 강력한 왕권과 안정된 국력을 바탕으로 문화를 크게 발전시켰고, 우리나라의 대표적인 석굴 사원인 석굴암과 같은 문화유산을 남길 수 있었답니다.

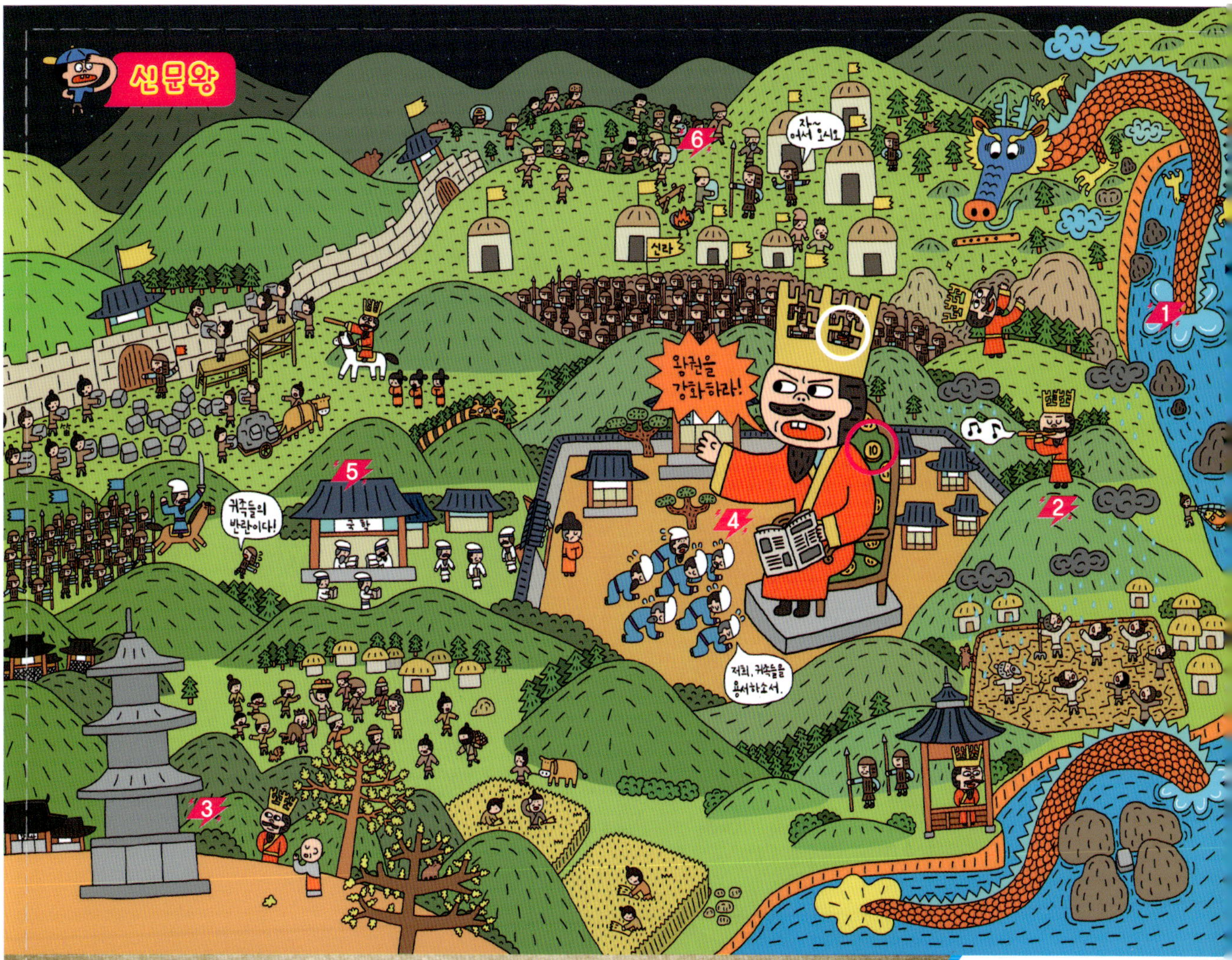

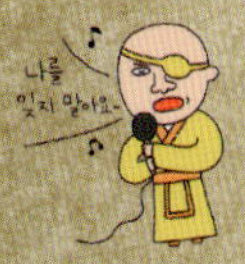

흔들리는 신라, 새로운 나라의 등장

　찬란한 문화를 꽃피운 통일 신라에 어두운 그림자가 드리웁니다. 귀족들의 왕위 다툼이 심해지면서 150년 동안 20여 명의 왕이 바뀝니다. 사회는 혼란스러웠고, 왕권은 추락했으며 귀족들은 기름진 배를 두드리며 사치스러운 생활을 하면서 백성들을 수탈합니다. 가난을 견디지 못한 백성들은 도적이 되거나, 전국 곳곳에서 난을 일으키게 되고요.

　그러는 사이 지방에서는 새로운 세력이 등장했어요. 바로 호족이에요. 이들은 넓은 토지를 소유하여 키운 경제력을 바탕으로 세력을 키웠어요. 호족 중에는 신라와 겨루고자 새 나라를 세운 이들도 있었죠. 궁예는 송악에서 후고구려를, 견훤은 완산주에서 후백제를 건국하게 되지요. 이렇게 한반도에 후고구려, 후백제, 신라가 있었던 시기를 후삼국 시대라고 합니다.

신문왕

1. 삼국을 통일한 신라의 문무왕은 자신이 죽으면 화장을 해 동해에 묻어달라는 유언을 남겼어. 죽어서도 용이 되어 신라를 지키겠다는 마음을 알 수 있지.

2. 바다의 용이 된 문무왕과 하늘의 신이 된 김유신 장군이 보낸 대나무로 피리를 만들었어. 그 피리를 불면 적이 물러가고 가뭄 때 비가 내렸지.

3. 불교를 통해 신라를 지키려고 절을 짓기 시작한 문무왕은 절이 완성되는 걸 보기 전 세상을 떠났어. 문무왕의 아들 신문왕이 그 뜻을 이어받아 감은사라는 절을 완성했지.

4. 신문왕은 귀족들의 반란을 진압하고 왕권을 강화했어.

5. 그리고 여러 제도를 정비하여 나라를 더욱 튼튼하게 만들었지. 또한 국학이라는 교육 기관을 세워 인재를 길렀어.

6. 신문왕은 나라의 통합을 위해 옛 고구려, 백제 사람들 뿐만 아니라 말갈인들도 신라의 군사 조직에 받아들였어.

궁예, 후고구려를 세우다!

후고구려를 세운 궁예는 신라의 왕족 출신으로 전해집니다. 훗날 나라에 이롭지 못할 것이라는 예언자의 말에 따라 궁예는 태어나자마자 죽을 운명이었죠. 궁예를 죽이라는 명령을 받은 사람은 어린 궁예를 높은 곳에서 떨어뜨리지요. 다행히 유모가 궁예를 받아 목숨을 건졌지만 그때 궁예는 한쪽 눈을 찔려 애꾸눈이 되었다고 합니다.

시간이 흘러 궁예는 신라에 깊은 반감을 가지게 되었고, 신라가 혼란스러웠던 때에 출중한 실력으로 세력을 키워 마침내 송악에 도읍을 정하고 후고구려를 세우게 됩니다. 하지만 자신을 미륵불이라고 했던 궁예는 관심법으로 사람들을 괴롭혀서 민심을 잃게 돼요. 계속하여 폭정을 일삼자 궁예는 결국 쫓겨나게 됩니다. 이후 신하들은 왕건을 왕으로 추대하였으며 왕위에 오른 왕건은 고려를 세우고 훗날 후삼국을 통일한답니다.

① 신라에서 신분이 낮았던 장보고는 새로운 기회를 찾아 당나라로 건너가 군인이 돼. 당나라에서 열심히 노력한 장보고는 당나라 군인으로서 높은 지위에 오르게 되지.

② 하지만 신라 사람들이 당나라 해적에게 잡혀 와 노비로 팔리는 것을 보고 신라로 돌아갈 결심을 하지.

③ 신라로 돌아온 장보고는 당시 왕이었던 흥덕왕을 찾아가 그 사실을 전하고 군사를 얻게 돼.

④ 장보고는 완도에 청해진을 설치하고 군사를 배치하여 해적들을 소탕했어.

⑤ 신라 사람들은 해적으로부터의 위험에서 벗어나 안전하게 무역할 수 있게 되었지.

⑥ 당나라와 신라, 일본을 연결하는 동아시아 무역이 발달하면서 장보고는 해상왕으로 불렸어.

⑦ 장보고는 자신의 딸과 신라의 왕을 결혼시키려 하였으나 귀족들의 반대로 실패했어.

⑧ 장보고의 세력이 커지는 것이 두려웠던 귀족들은 자객을 보내 장보고를 암살했지.

① 신라의 왕족 출신으로 전해지는 궁예는 태어나자마자 죽을 운명이었어. 예언에 따라 왕은 어린 궁예를 죽이라 했고, 명령을 받은 사람은 어린 궁예를 높은 곳에서 떨어뜨리지.

② 다행히 유모가 떨어지는 궁예를 받아 목숨을 건졌어. 하지만 그때 궁예는 유모의 손에 눈이 찔려 한쪽 눈이 멀게 되었지.

③ 유모의 품에서 성장한 궁예는 유모를 떠나 절에 들어가 스님이 되었어.

④ 신라 말 혼란스러운 상황 속, 호족 세력들 사이에 다툼이 심했어. 궁예는 여러 호족 중 양길의 부하 장수로 활약해. 훗날 궁예는 양길과의 싸움에서 승리하여 강력한 호족 세력으로 성장하지.

⑤ 힘이 세진 궁예는 후고구려를 건국했어.

⑥ 그러나 궁예는 관심법으로 사람들을 괴롭히는 등 포악한 정치를 펼쳤지. 결국 신하들은 궁예를 쫓아내고 왕건을 왕으로 추대했어. 왕위에 오른 왕건은 고려를 세우고 후삼국을 통일하였어.

초판 9쇄 발행 2024년 5월 2일
초판 1쇄 발행 2019년 1월 11일

글 | 최태성, 윤소연
그림 | 신동민
감수 | 모두의 별별 한국사 연구소, 강승임
발행인 | 손은진
개발 책임 | 김문주
개발 | 김숙영, 서은영, 민고은
제작 | 이성재, 장병미
디자인 | 한은영, 오은애
마케팅 | 엄재욱, 조경은

발행처 | 메가스터디㈜
출판사 신고 번호 | 제2015-000159호
주소 | 서울시 서초구 효령로 304 국제전자센터 24층
전화 | 1661-5431
홈페이지 | http://www.megastudybooks.com
출간제안/원고투고 | 메가스터디북스 홈페이지 <투고 문의>에 등록

이 책은 메가스터디(주)의 저작권자와의 계약에 따라 발행한 것이므로
무단 전재와 무단 복제를 금지하며, 이 책 내용의 전부 또는 일부를 이용하려면
반드시 저작권사와 메가스터디(주)의 서면 동의를 받아야 합니다.
잘못된 책은 구입하신 곳에서 바꾸어 드립니다.

메가스터디BOOKS

'메가스터디북스'는 메가스터디㈜의 출판 전문 브랜드입니다.
유아/초등 학습서, 중고등 수능/내신 참고서는 물론,
지식, 교양, 인문 분야에서 다양한 도서를 출간하고 있습니다.

- **제품명** 못말리는 한국사 수호대 5권
- **제조자명** 메가스터디㈜ • **제조년월** 판권에 별도 표기 • **제조국명** 대한민국 • **사용연령** 3세 이상
- **주소 및 전화번호** 서울시 서초구 효령로 304(서초동) 국제전자센터 24층 / 1661-5431